Inhalt

Vereinbarkeit von Beruf und Familie - Wie Unternehmen davon profitieren

Kernthesen

Beitrag

Fallbeispiele

Weiterführende Literatur

Impressum

Vereinbarkeit von Beruf und Familie - Wie Unternehmen davon profitieren

M.Dengl

Kernthesen

- Die Abwanderung deutscher Fachkräfte, der demografische Wandel und fehlende Nachwuchskräfte führen dazu, dass Unternehmen Strategien entwickeln, um ihre eigenen Führungskräfte langfristig halten zu können und um für neue attraktiv genug zu sein.
- Inzwischen ist die Vereinbarkeit von Beruf und Familie zu einer der wichtigsten Personalmarketingstrategien geworden.

Längst zählen nicht nur die Arbeitsinhalte, sondern immer mehr auch das Arbeitsumfeld. Firmen punkten gegenüber Bewerbern mit betriebseigenen Kindergärten, Teilzeitprogrammen und generell mit der Schaffung von familienfreundlichen Arbeitsbedingungen.
- Umgekehrt zeigen Studien, dass Unternehmen davon profitieren, wenn sie ein familienfreundliches Umfeld schaffen. Die Mitarbeiter sind motivierter, zufriedener und identifizieren sich stärker mit dem Arbeitgeber. Fachkräfte werden daher langfristig an das Unternehmen gebunden.
- Durch eine bessere Vereinbarkeit von Beruf und Familie profitieren sowohl die Unternehmen wie die Mitarbeiter.

Beitrag

Hoch qualifizierte Fachkräfte werden in Deutschland, besonders im gewerblich-technischen Bereich, händeringend gesucht. Zeitgleich wird versucht, die bereits vorhandenen langfristig an das Unternehmen zu binden. Die Vereinbarkeit von Beruf und Familie gewinnt so immer mehr an Bedeutung und ist für Unternehmen ein wichtiger Marketingfaktor auf dem Bewerbermarkt. Flexible Arbeitszeiten, umfangreiche

Teilzeitprogramme und betriebseigene Kindergärten sind nur ein Anfang. Aber auch die Unternehmen profitieren von einem familienfreundlichen Arbeitsumfeld. Studien zeigen: die Mitarbeiter sind motivierter, zufriedener und bleiben länger im Unternehmen.

Was bedeutet Vereinbarkeit von Beruf und Familie?

Der Begriff der Vereinbarkeit von Beruf und Familie hat sich gewandelt. Inzwischen ist das nicht nur ein reines "Frauenthema", sondern es bedeutet für Unternehmen, die Schaffung eines familienfreundlichen Arbeitsumfeldes. Davon profitieren alle Mitarbeiter gleichermaßen. Unternehmen haben die Vereinbarkeit von Beruf und Familie, bedingt durch den Fachkräftemangel, als Marketingfaktor neu entdeckt. Um keine Mitarbeiter zu verlieren und um Mütter und Väter schneller wieder ins Unternehmen zurückzuholen, haben Firmen unterschiedliche Modelle entwickelt. Eine Voraussetzung um Eltern frühzeitig wieder für den Job zu gewinnen, ist eine gute und zuverlässige Kinderbetreuung. Dabei bleibt es den Betrieben überlassen, ob sie hierfür Kindergartenplätze anmieten oder einen eigenen aufbauen. Zusätzlich kann für die Eltern ein Kontakthalteprogramm

während der Elternzeit angeboten werden.
Flexible Arbeitszeiten sind ebenfalls unabdingbar. Auch hier gibt es verschiedene Möglichkeiten. Es gibt Unternehmen, die ihren Mitarbeitern die Wochenarbeitszeit kürzen und dies sogar bei vollem Lohnausgleich. Andere versuchen die Teilzeitwünsche umzusetzen oder bieten Gleitzeitkonten an. Flexible Arbeitszeiten sind zudem nicht nur für Eltern wichtig, sondern können auch die Mitarbeiter entlasten, die zu Hause Angehörige pflegen.
Aber auch eine finanzielle Unterstützung seitens der Unternehmen hilft bei der Vereinbarkeit von Beruf und Familie. Einige Firmen bezahlen ein Jobticket oder geben Betreuungszuschüsse für Kindertagesstätten. (1), (2)

Unternehmen profitieren von einer besseren Vereinbarkeit von Beruf und Familie

Die Vereinbarkeit von Beruf und Familie verursacht aber nicht nur Kosten für die Unternehmen, sondern sie profitieren auch davon.
Insgesamt steigt die Produktivität des Betriebes, der ein familienfreundliches Umfeld geschaffen hat. Außerdem sind die Mitarbeiter zufriedener,

motivierter und identifizieren sich stärker mit dem Arbeitgeber. Damit werden qualifizierte Fachkräfte langfristig an das Unternehmen gebunden.
Mit einem Programm zur Vereinbarkeit von Beruf und Familie steigt zudem die Attraktivität des Arbeitgebers und auch das Image des Unternehmens. Viele Bewerber mit Familie oder Familienwunsch achten z.B. darauf, ob Teilzeitmodelle angeboten werden und ziehen diese anderen Firmen vor. (3)

Die Politik fördert die Vereinbarkeit von Beruf und Familie

Ende vergangenen Jahres eröffnete die Fachstelle "Frau und Beruf" bei der Kreisverwaltung Wesel. Dies ist ein Beispiel, wie die Politik die Vereinbarkeit von Beruf und Familie, nicht nur auf Bundesebene unterstützt. Die Fachstelle ist eine Beratungsstelle für Existenzgründerinnen, Unternehmerinnen, Studierende und Auszubildende. Zusätzlich soll sie Mütter und Väter bei der Planung der Elternzeit und beim Wiedereinstieg in den Beruf helfen.
Aber auch Unternehmen können hier Unterstützung für ihre Personalpolitik finden. Weiterhin steht die Fachstelle auch öffentlichen Verwaltungen und

Institutionen mit Checklisten und Informationen zur Verfügung. (4)

Fallbeispiele

Kreissparkasse Esslingen-Nürtingen erleichtert Eltern den Wiedereinstieg

Um den Wiedereinstieg in den Beruf für Eltern einfacher zu gestalten, vermittelt die Kreissparkasse Esslingen-Nürtingen Betreuungsplätze, mit Hilfe des Kooperationspartners die "Tageseltern-Vereine". Zusätzlich bezuschusst sie die laufende Betreuung des jüngsten Kindes mit bis zu 200 Euro pro Monat. Dieses Modell wird von den Mitarbeitern gut angenommen. Innerhalb von nur drei Monaten haben 26 Beschäftigte die Unterstützung beantragt. Auch die Hilfe bei der Suche von Betreuungsplätzen wird rege genutzt.
Der Kreissparkasse ist auch bewusst, dass die Vereinbarkeit von Beruf und Familie als Marketingfaktor an Bedeutung gewinnt. Das

Unternehmen möchte mit ihrem familienfreundlichen Arbeitsumfeld, um künftige Arbeitnehmer werben und die erfahrenen Kräfte behalten. Aktuell wird über eine Erweiterung des Programms zur Vereinbarkeit von Beruf und Familie nachgedacht. Dazu gehört z.B. die Unterstützung von Mitarbeitern, die einen Pflegefall in der Familie haben. (8)

Gute Noten für Leipziger Kindertagesstätten

Die Stadt Leipzig ist im Kita-Check 2008 als Gewinner hervorgegangen. Berufstätige Familien haben in der Region Leipzig entschieden bessere Möglichkeiten, einen Platz in einer Kindertagesstätte zu bekommen, als in den alten Bundesländern. Dies ist das Ergebnis einer Studie der Industrie- und Handelskammer (IHK) Leipzig, die hierfür 304 Einrichtungen befragte. Insgesamt waren 484 Kindertagesstätten angeschrieben worden, davon beteiligten sich 63 Prozent. Von den befragten Einrichtungen befindet sich knapp die Hälfte in kommunaler Trägerschaft, ein Viertel wird von Wohlfahrtsverbänden betrieben, zehn Prozent sind in kirchlicher Trägerschaft. Wenig vertreten sind privat-gewerbliche Objekte. Auch Betriebskindergärten spielen in der Region kaum eine Rolle.
Voraussetzung für die Vereinbarkeit von Beruf und

Familie sind flexible Öffnungszeiten, Notfallbetreuung, Ferienbetreuung und eine gute Zusammenarbeit mit Unternehmen. Meistens schneiden die Kitas in Leipzig im Verhältnis zum Bundesdurchschnitt besser ab. (9)

Bad Vilbeler Unternehmen unterstützen ihre Mitarbeiter

In Bad Vilbel unterstützen die Unternehmen Hassia und Stada ihre Mitarbeiter auf unterschiedliche Art und Weise. Stada setzt auf einen Betreuungszuschuss in Höhe von 80 Euro für die Halbtags- und 120 Euro für die Ganztagsbetreuung eines Kindes. Außerdem wird versucht den Teilzeitwünschen der Mitarbeiter gerecht zu werden. Zusätzlich gibt es ein Gleitzeitkonto.
Die Firma Hassia hingegen setzt auf ein Freizeitkonto, worauf Überstunden gesammelt werden können. Hassia hat keinen Betriebskindergarten und bezahlt kein Jobticket. Dafür erhält jede Familie pro Jahr ein bestimmtes Kontingent an Getränken kostenfrei. (10)

Weiterführende Literatur

(1) Frauen beklagen Mangel an beruflichen Chancen / Landeskonferenz im halleschen Stadthaus

beleuchtete Potenziale und Gegebenheiten auf dem Arbeitsmarkt.
aus Mitteldeutsche Zeitung vom 03.03.2009

(2) Packen wir es an!
aus WirtschaftsWoche Global Sonderausgabe Globalisierung NR. 001 VOM 26.01.2009

(3) Winsen: Unternehmen müssen familienfreundlicher werden Netzwerk soll Müttern im Beruf helfen
aus Hamburger Abendblatt, 23.02.2009, Nr. 45, S. 1

(4) "Ohne Frauen läuft gar nichts"
aus Rheinische Post Nr. vom 25.02.2009

(5) Kollektiv für Kinder Firma & Familie In der Druckwerkstatt in Darmstadt arbeiten alle für die Eltern mit
aus Frankfurter Rundschau v. 18.02.2009, S.9, Ausgabe: R Region

(6) Noll will mehr betriebliche Kitas
aus Rheinische Post Nr. vom 06.01.2009

(7) Leistung gegen Vertrauen
aus Handelsblatt Nr. 031 vom 13.02.09 Seite 2

(8) Kreissparkasse Esslingen-Nürtingen - Zwischen Job und Familie Wiedereinstieg erleichtern
aus Die SparkassenZeitung, 02.01.2009, Nr. 01, S. 11

(9) Studie untersucht Vereinbarkeit von Familie und

Beruf / Kammer befragt über 300 Einrichtungen
KOMMENTAR Familienfreundlichkeit hilft allen
@p.krutsch@lvz.de
aus LVZ/Leipziger-Volkszeitung, 02.03.2009, S. 17

(10) Flexible Arbeitszeiten helfen Eltern Firma &
Familie Bad Vilbeler Unternehmen versuchen, ihren
Angestellten entgegen zu kommen
aus Frankfurter Rundschau v. 27.01.2009, S.19,
Ausgabe: R Region

Impressum

Vereinbarkeit von Beruf und Familie - Wie Unternehmen davon profitieren

Bibliografische Information der deutschen Nationalbibliothek

Die Deutsche Nationalbibliothek verzeichnet diese Publikation in der deutschen Nationalbibliografie; detaillierte bibliografische Daten sind im Internet über http://dnb.d-nb.de abrufbar.

ISBN: 978-3-7379-1249-5

© 2015 GBI-Genios Deutsche Wirtschaftsdatenbank GmbH, Freischützstraße 96, 81927 München, www.genios.de

Alle Rechte vorbehalten. Dieses Werk ist einschließlich aller seiner Teile – z.B. Texte, Tabellen und Grafiken - urheberrechtlich geschützt. Jede Verwertung außerhalb der Grenzen des Urheberrechtsgesetzes bedarf der vorherigen Zustimmung des Verlags. Dies gilt insbesondere auch für auszugsweise Nachdrucke, fotomechanische

Vervielfältigungen (Fotokopie/Mikroskopie), Übersetzungen, Auswertungen durch Datenbanken oder ähnliche Einrichtungen und die Einspeicherung und Verarbeitung in elektronischen Systemen.